D0906533

To the Reader . . .

The **Raintree Hispanic Stories** series includes Hispanics from the United States, Spain, and Latin America, as well as from other countries. Just as your parents and teachers play an important role in your life today, the people in these books have been important in shaping the world in which you live today. Many of these Hispanics lived long ago and far away. They discovered new lands, built settlements, fought for freedom, made laws, wrote books, and produced great works of art. All of these contributions were a part of the development of the United States and its rich and varied cultural heritage.

These Hispanics had one thing in common. They had goals, and they did whatever was necessary to achieve those goals, often against great odds. What we see in these people are dedicated, energetic men and women who had the ability to change the world to make it a better place. They can be your role models. Enjoy these books and learn from their examples.

Frank de Varona
General Consulting Editor

General Consulting Editor
Frank de Varona
Associate Superintendent
Bureau of Education
Dade County, Florida, Public Schools

Consultant and Translator
Alma Flor Ada
Professor of Education
University of San Francisco

Editorial
Barbara J. Behm, Project Editor
Judith Smart, Editor-in-Chief

Art/Production
Suzanne Beck, Art Director
Kathleen A. Hartnett, Designer
Carole Kramer, Designer
Eileen Rickey, Typesetter
Andrew Rupniewski, Production Manager

Library of Congress Number: 89-38770

1 2 3 4 5 6 7 8 9   94 93 92 91 90 89

Library of Congress Cataloging-in-Publication Data

Sumption, Christine
  Carlos Finlay.
  (Raintree Hispanic stories)
  English and Spanish.
  Summary: Examines the life of the Cuban-born physician who developed the theory of yellow fever transmission through mosquitoes.
  1. Finlay, Carlos Juan, 1833-1915—Juvenile literature.   2. Physicians—Cuba—Biography—Juvenile literature.   [1. Finlay, Carlos Juan, 1833-1915.   2. Physicians.   3. Spanish language materials—Bilingual.]   I. Thompson, Kathleen.   II. Title.   III. Series.
  R476.F5S86   1989   610'.92   [B] [92]   89-38770
  ISBN 0-8172-3378-4 (lib. bdg.)

CARLOS FINLAY

Christine Sumption & Kathleen Thompson

Illustrated by Les Didier

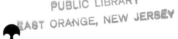

Raintree Publishers
Milwaukee

In 1831, a Scottish doctor named Edward Finlay moved to the city of Puerto Príncipe (now Camagüey) in Cuba. The doctor and his wife, a young French woman named Eliza de Barrés, loved their new country. They showed just how much they loved Cuba by changing their names. Eliza became Isabel, and Edward became Eduardo.

When their second son was born on December 3, 1833, they named him Juan Carlos. Unlike his parents, Juan Carlos was born a Cuban citizen. The handsome, blue-eyed boy would always be devoted to his country. He would also become one of his country's most famous and most beloved citizens.

En 1831, un médico escocés llamado Edward Finlay se fue a vivir a la ciudad de Puerto Príncipe (ahora llamada Camagüey) en Cuba. El doctor y su esposa, una joven francesa llamada Eliza de Barrés, amaban su nuevo país. Para demostrar lo mucho que amaban a Cuba se cambiaron el nombre. Eliza se volvió Isabel y Edward se volvió Eduardo.

Cuando nació su segundo hijo, el 3 de diciembre de 1833, lo llamaron Juan Carlos. A diferencia de sus padres, Juan Carlos era cubano de nacimiento. Este niño rubio, de ojos azules, amaría mucho a su patria siempre. Y un día llegaría a ser uno de los ciudadanos más famosos y más admirados de su país.

When Juan Carlos was eleven, his parents sent him to school in France, his mother's native land. He went to Rouen, the city where his father had studied medicine. Less than two years after Juan Carlos arrived in Rouen, however, he became very ill. He recovered, but his illness had two important results. It caused him to have a slight difficulty in his speech. It also forced him to return home to Cuba.

After two years in Cuba, Juan Carlos was again sent to Europe to study. He couldn't go back to France, however. In France, there was a bloody revolution, so Juan Carlos went to Germany. Later, he was able to go back to Rouen to finish his studies.

About this time, the young man changed his name. He wanted to be called Carlos Juan. It is as Carlos Juan Finlay that he became famous in the history of medicine and in the history of his country.

Cuando Juan Carlos tenía once años, sus padres lo enviaron a estudiar a Francia, el país de su madre. Fue a Rouen, la ciudad en que su padre había estudiado medicina. Juan Carlos llevaba solamente dos años en Rouen cuando se enfermó gravemente. Se recuperó, pero su enfermedad tuvo dos consecuencias importantes. Le causó un pequeño impedimento en el habla, y lo obligó a regresar a Cuba.

Después de pasar dos años en Cuba, Juan Carlos fue enviado de vuelta a estudiar a Europa. Pero no pudo volver a Francia. En Francia había una revolución turbulenta. Por esto Juan Carlos fue a Alemania. Más adelante, pudo regresar a Rouen a completar sus estudios.

En aquella época, el joven se cambió el nombre. Empezó a llamarse Carlos Juan. Es con el nombre de Carlos Juan Finlay que se hizo famoso en la historia de la medicina y en la historia de su país.

In 1851, Carlos Finlay went to the United States to continue his studies. He enrolled at Jefferson Medical College in Philadelphia, Pennsylvania.

It was ten years before the Civil War would begin in the United States. It was also the year another great doctor, Walter Reed, was born. Reed would one day prove Finlay's theory about how one of the worst diseases the world has ever known was spread. Finlay's name would be unfairly lost in Reed's shadow for many years.

En 1851, Carlos Finlay viajó a los Estados Unidos para seguir estudiando. Se matriculó en Jefferson Medical College en la ciudad de Filadelfia en Pennsylvania.

Diez años más tarde empezaría la Guerra Civil en los Estados Unidos. Era también el año en que nació otro gran médico, Walter Reed. Un día, Reed comprobaría la teoría de Finlay sobre cómo se trasmite una de las enfermedades más malignas. El nombre de Finlay quedaría por muchos años injustamente opacado por el de Reed.

After graduating from medical school in the United States in 1855, Finlay completed his studies in Havana, Cuba, and in Paris, France. He was then ready to settle in Cuba and set up his practice.

Cuba, however, was not a peaceful place. After years of suffering under Spanish rule, the people of Cuba had begun to rebel. In 1868, a revolution broke out. Finlay, who sympathized with the rebels, was forced to leave Cuba. He went to live on the island of Trinidad, southeast of Cuba, until 1870. Then he returned home to Cuba.

Después de graduarse de medicina en los Estados Unidos en 1855, Finlay continuó sus estudios en La Habana, Cuba y en París, Francia. Por fin estaba listo para asentarse en Cuba y establecerse.

Pero Cuba no era un lugar pacífico en ese momento. Después de muchos años de sufrimiento bajo el gobierno de España, los cubanos habían comenzado a rebelarse. En 1868 estalló la revolución por la independencia. Finlay, que simpatizaba con los rebeldes, tuvo que salir de Cuba. Vivió en la isla de Trinidad al sureste de Cuba, hasta 1870. Entonces regresó a su patria para establecerse.

Carlos Finlay's father was an ophthalmologist, a doctor who specializes in the treatment of the eye. Finlay himself was very interested in this area of medicine. He thought, for a while, that it would be his life's work.

That is not the way things turned out for this great scientist. He wrote more than one hundred scientific articles for medical journals and conferences. Almost seventy of the articles were about a single disease. That disease was yellow fever.

El padre de Carlos Finlay era oftalmólogo, es decir un médico que se especializa en el cuidado de los ojos. A Finlay le interesaba mucho esta área de la medicina. Por algún tiempo pensó que dedicaría su vida a esta especialidad.

Pero no es así como resultaron las cosas para este gran científico. Escribió más de cien artículos científicos para publicaciones y conferencias médicas. Casi setenta de los artículos eran sobre una misma enfermedad. Esa enfermedad era la fiebre amarilla.

For many years, the disease known as yellow fever had been a serious problem in Cuba, as well as in certain other countries. Victims of yellow fever became suddenly ill with fever, headaches, and backaches. Then they felt sick to their stomach, and their skin turned yellowish. Finally, they began to bleed inside, became unconscious, and often died. Yellow fever caused thousands of deaths.

Scientists were puzzled. They had no idea what caused yellow fever, and there was no cure. Finlay was determined to discover what caused the deadly disease.

La enfermedad conocida como la fiebre amarilla había sido un gran problema en Cuba por muchos años, así como en otros países. Las víctimas de la fiebre amarilla se enfermaban súbitamente con fiebre, dolor de cabeza y dolor de espalda. Luego se ponían mal del estómago y su piel se tornaba amarillenta. Por último, comenzaban a sangrar interiormente, perdían el conocimento y, a menudo, morían. La fiebre amarilla había causado miles de muertes.

Los científicos no sabían qué pensar. No tenían la menor idea de qué causaba la fiebre amarilla y no existía cura para ella. Finlay estaba decidido a descubrir qué causaba la destructiva enfermedad.

Finlay went to work, studying yellow fever. He noticed that most outbreaks of the disease occurred during the hot summer months. He began with the idea that the weather conditions in the summer had something to do with the spread of the disease. He wrote about his theory in a paper that he sent to the Academy of Sciences in Havana in 1865.

Finlay's ideas changed, however, after he worked with the first American Yellow Fever Commission in 1879. He studied other experts' theories. Some scientists suggested that a healthy person could get yellow fever from the clothing or bedding of a sick person. Other scientists suggested that insects could pick up the disease in filthy swamps and pass it on to humans. Neither idea seemed quite right.

Finlay se puso a investigar, estudiando la fiebre amarilla. Descubrió que la mayoría de las epidemias ocurrían durante los meses calurosos del verano. Comenzó a pensar que las condiciones del clima en el verano tenían algo que ver con el desarrollo de la enfermedad. Escribió sobre esta teoría en un artículo que envió a la Academia de Ciencias en La Habana, Cuba, en 1865.

Finlay cambió de manera de pensar, sin embargo, después que trabajó con la primera Comisión Americana de Fiebre Amarilla en 1879. Estudió las teorías de otros expertos. Algunos científicos sugerían que una persona sana podía contagiarse de fiebre amarilla por la ropa o la ropa de cama de una persona enferma. Otros científicos sugerían que los insectos podían coger la enfermedad en pantanos inmundos y trasmitírselas a los humanos. Ninguna de estas ideas parecía del todo acertada.

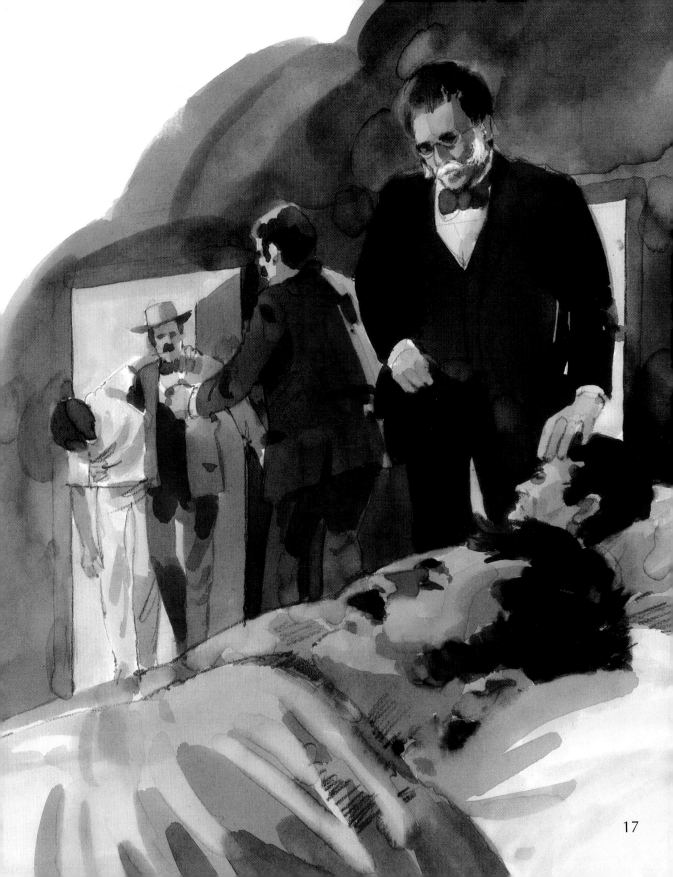

After careful study, Finlay came up with a new idea of how yellow fever might be spread—by the mosquito. He began to believe that a mosquito could bite a yellow fever victim and then bite a healthy person, passing the disease directly into the second person's bloodstream.

Everything Finlay had noticed seemed to support his exciting new theory. Neither yellow fever nor mosquitoes existed at high altitudes. Yellow fever was frequently found in marshy areas, where mosquitoes breed. When the number of one kind of mosquito (the *Aëdes aegypti*) increased, so did the number of yellow fever cases.

Finlay knew, however, that observation alone was not enough. He had to prove his theory.

Después de estudiar el problema cuidadosamente, Finlay llegó al convencimiento de cómo podía trasmitirse la fiebre amarilla—por la picadura de mosquito. Empezó a pensar que un mosquito podía picar a una víctima de fiebre amarilla y luego picar a una persona sana y pasar la enfermedad directamente a la sangre de la segunda persona.

Todo lo que Finlay había observado parecía apoyar esta nueva teoría. La fiebre amarilla no existía en lugares muy altos sobre el nivel del mar donde tampoco hay mosquitos. La fiebre amarilla se producía con frecuencia cerca de las áreas pantanosas que es donde se incuban los mosquitos. Cuando el número de un tipo especial de mosquito (el *Aëdes aegypti*) aumentaba, también aumentaba el número de casos de fiebre amarilla.

Finlay sabía, sin embargo, que la observación solamente no era suficiente. Tenía que comprobar su teoría.

From then on, Finlay spent almost all his time studying mosquitoes. He bred mosquitoes in his laboratory and closely watched their habits. Then he began a long series of tests. During the tests, mosquitoes would bite yellow fever victims and then bite healthy volunteers. Finlay hoped to show that the mosquito carried and spread yellow fever. Although some victims came down with yellow fever, the test results did not prove the theory.

Finlay was not discouraged. He felt that there simply was more work to be done. Other scientists, however, did not share his faith.

A partir de entonces, Finlay se pasó casi todo el tiempo estudiando los mosquitos. Crió mosquitos en su laboratorio y observó minuciosamente sus hábitos. Luego inició una larga serie de pruebas. Hizo que los mosquitos picaran a víctimas de la fiebre amarilla y luego picaran a personas sanas que se habían ofrecido como voluntarios. Finlay esperaba demostrar que el mosquito trasmitía la fiebre amarilla. Aunque algunos voluntarios contrajeron fiebre amarilla, los resultados de las pruebas no eran suficientemente concluyentes.

Finlay, sin embargo, no se desanimó. Sentía que sencillamente había otras cosas que todavía no había descubierto. Otros científicos, sin embargo, no compartían su fe.

The scientific world first learned about Finlay's theory at medical conferences in Havana and Washington, D.C., in 1881. At those conferences, Finlay presented his findings about the tie between the deadly disease and the *Aëdes aegypti* mosquito.

This theory of how yellow fever was spread might have been seen as a major breakthrough for medical science. Finlay's theory, however, did not seem believable to the scientists. It was met with silence. Finlay didn't have hard evidence to support his theory. What was worse, some of his own evidence seemed to disprove the theory. In addition, many of the scientists were prejudiced against Finlay because of his speech problem.

He went away feeling rejected and misunderstood. He also felt more determined than ever to find a way to prove that he was right.

El mundo científico supo por primera vez de la teoría de Finlay en conferencias médicas en La Habana, Cuba y en Washington, D.C. en 1881. En esas conferencias, Finlay presentó sus observaciones sobre la conexión entre la terrible enfermedad y el mosquito *Aëdes aegypti*.

Esta teoría de cómo se trasmite la fiebre amarilla hubiera podido verse como un gran avance para la ciencia médica. Pero a los científicos la teoría de Finlay no les parecía creíble. Su idea recibió sólo silencio. Finlay no tenía pruebas concluyentes para demostrarla. Lo que era todavía peor, sus propios datos a veces parecían demostrar algo contrario a su teoría. Además, muchos de los científicos tenían prejuicios contra Finlay a causa de su defecto al hablar.

Él se fue sintiéndose inaceptado e incomprendido. También sintiéndose más determinado que nunca a encontrar el modo de demostrar que tenía razón.

In 1900, a commission of United States Army medical officers, led by Walter Reed, went to Havana to study yellow fever. Finlay felt sure that this was his chance to prove his theory. He greeted the members of the commission warmly and made available to them all the research he had carefully gathered over nineteen years.

At first, Reed and the others wouldn't even consider Finlay's mosquito theory. They began their own experiments, convinced that filth was the most likely method of spreading yellow fever. However, when their experiments came to nothing, the scientists turned to Dr. Carlos Juan Finlay.

En 1900, una comisión de oficiales médicos del ejército de los Estados Unidos, dirigida por Walter Reed, fue a La Habana a estudiar la fiebre amarilla. Finlay estaba seguro que ésta era la oportunidad de comprobar su teoría. Recibió calurosamente a los miembros de la comisión y puso a su disposición todos los resultados de la investigación que había llevado a cabo cuidadosamente por diecinueve años.

Al principio, Reed y los otros, no quisieron ni siquiera considerar la teoría del mosquito de Finlay. Empezaron sus propios experimentos, convencidos que la suciedad era la causa más probable de la trasmisión de fiebre amarilla. Sin embargo, cuando sus experimentos fallaron, los científicos estuvieron dispuestos a escuchar al Dr. Carlos Juan Finlay.

Finlay gave the commission some *Aëdes aegypti* mosquito eggs to hatch. The scientists allowed the mosquitoes to bite yellow fever patients and then bite volunteers. Time after time, the volunteers remained healthy.

Then one of the commission members, Dr. James Carroll, let himself be bitten by a mosquito that had bitten a patient in the second day of the illness. Carroll became ill with yellow fever. From that, the scientists began to realize that yellow fever is contagious only during the first three days of illness.

There was excitement among the commission members at the discovery. Quietly and proudly, Finlay accepted the first proof of his theory.

Finlay le dio a la comisión algunos huevos de
mosquitos *Aëdes aegypti* para que los incubaran. Los
científicos permitieron que los mosquitos picaran a
pacientes de fiebre amarilla y luego picaran a
voluntarios. Una y otra vez, los voluntarios siguieron
sanos.

Luego, uno de los miembros de la comisión, el Dr.
James Carroll, dejó que lo picara un mosquito que había
picado a un paciente en el segundo día de la
enfermedad. El Dr. Carroll contrajo fiebre amarilla. A
partir de allí, los científicos se dieron cuenta que la
fiebre amarilla es contagiosa sólo durante los tres
primeros días de la enfermedad.

Estos descubrimientos se comentaron con sumo interés
entre los miembros de la comisión. Calladamente pero
con orgullo, Finlay aceptó la primera prueba decisiva de
su teoría.

Walter Reed went on to do a series of experiments that proved beyond any doubt that mosquitoes were the only natural means of spreading yellow fever. Once it was known that the mosquito was the carrier of yellow fever, it was clear that outbreaks of the disease could be prevented by killing mosquitoes and their eggs. A huge mosquito control program was introduced in Havana and at various places throughout the world. Within months, yellow fever was brought under control.

Walter Reed hizo una serie de experimentos que comprobaron sin lugar a dudas que los mosquitos eran la única forma natural de propagar la fiebre amarilla. Una vez que se supo que los mosquitos eran los trasmisores de la fiebre amarilla se vio con claridad que se podía prevenir las epidemias matando los mosquitos e impidiendo que se multiplicaran. En La Habana y en otros lugares del mundo se inició un gran programa de control de los mosquitos. En unos meses habían controlado la fiebre amarilla.

In the Reed commission's published report, Finlay was not given credit for his discovery. That honor went to Walter Reed.

Finally, in 1954, thirty-nine years after Finlay's death, the International Congress of Medical History gave him proper credit. It declared that Finlay was "the only one responsible for the discovery of the agent that transmits [spreads] yellow fever."

Thanks to Finlay's research, yellow fever has been almost completely wiped out. Just one important result of this was the completion of the Panama Canal in Central America. Work on the canal, linking the Atlantic and Pacific oceans, had been interrupted by yellow fever. However, even today, Carlos Juan Finlay still has not been given all the recognition he so richly deserves.

En el reporte publicado por la comisión no se le da crédito a Finlay por el descubrimiento. Ese honor se le da a Walter Reed.

Por fin, en 1954, treinta y nueve años después de la muerte de Finlay el Congreso Internacional de Historia de la Medicina le dio algo del crédito que merecía. Declaró que Finlay es "el único responsable por el descubrimiento del agente que trasmite la fiebre amarilla."

Gracias a las investigaciones de Finlay la fiebre amarilla se ha erradicado casi por completo. Un resultado importante fue poder completar el Canal de Panamá, que une el Océano Pacífico y el Océano Atlántico. Esta construcción se había interrumpido a causa de la fiebre amarilla. Sin embargo, aun hoy en día, Carlos Juan Finlay no ha recibido todavía todo el honor que tan bien merece.

GLOSSARY

commission   a group of persons directed to perform some duty

contagious   capable of being spread

experiment   an activity carried out to test an idea

prejudiced   having an unfair opinion against something or someone

revolution   the attempted overthrow of a government

sympathize   to share beliefs or feelings

theory   a belief based on scientific study

GLOSARIO

comisión   grupo de personas encargadas de un cometido

contagioso   que se puede contagiar o extender

experimento   actividad hecha para probar una idea

prejuiciado   que tiene una opinión injusta sobre algo o alguien

revolución   intento de deponer un gobierno

simpatizar   compartir las ideas o los sentimientos de otro

teoría   opinión basada en un estudio científico